BIOGRAFÍA DE GUADALUPE ORTIZ DE LANDÁZURI

por Maica Riaza

ÍNDICE

PRIMEROS
AÑOS

Infancia y juventud

Guadalupe nació en 1916, en el barrio madrileño de Malasaña, un barrio de calles estrechas casi más castizas que la conocida Puerta del Sol. Desde el número 44 de la calle Valverde, el hogar familiar, hasta la parroquia de San Ildefonso se tarda un minuto en llegar; y en esta iglesia fue su bautizo el día de Nochebuena. Había nacido el 12 de diciembre, fiesta de la Virgen de Guadalupe; de ahí su nombre.

Su madre se llamaba Eulogia Fernández- Heredia. De ella heredó un carácter decidido, generoso y valiente, y aprendió virtudes. Era la pequeña de la familia. Después de Manuel y Eduardo nació Francisco de Asís, pero murió a los tres años. En la familia quedó una gran pena, que solo comenzó a atenuarse con la espera de un nuevo nacimiento.

El padre –Manuel Ortiz de Landázuri– era hombre simpático y alegre, muy familiar. Entonces era alférez de artillería en el cantón de Vicálvaro, en Madrid; en 1921 fue destinado a Segovia y la familia se trasladó a esta ciudad.

Al poco tiempo asumió el cargo de comandante en Larache, en el norte de África, donde estuvo un año hasta ser destinado de nuevo a Madrid como profesor de topografía en la Academia de artillería.

A pesar de la sombra que dejaban las noticias que llegaban de Europa, en plena Guerra Mundial, el clima familiar era tranquilo y alegre, y Guadalupe creció contenta al ritmo de los juegos con sus dos hermanos mayores.

En 1927, don Manuel fue trasladado a Tetuán. Vivieron en esta ciudad cinco años, y volvieron a Madrid cuando el padre fue ascendido a teniente coronel.

Los estudios de Guadalupe

Una vez en Tetuán, Guadalupe continuó los estudios en el único colegio católico de enseñanza secundaria que había allí,
Nuestra Señora del Pilar. La mayoría de los alumnos eran chicos y Guadalupe competía y participaba en sus correrías: des-
puntaba ya su espíritu de aventura. Obtuvo las mejores notas
en todas las asignaturas.

Cuando regresaron a Madrid en 1932 Guadalupe tenía
dieciséis años y se matriculó en el Instituto Miguel de Cervan-
tes para terminar el bachillerato. Al finalizar, decidió estudiar
Ciencias Químicas, y comenzó la carrera en octubre de 1933.
También entonces se encontró con muy pocas compañeras
en clase: de los sesenta alumnos del curso solamente cinco
eran chicas. Las aulas estaban situadas en la calle San Bernar-
do y, aunque los laboratorios resultaban bastante mejorables,
los catedráticos eran competentes como profesores y como
investigadores.

Hizo muchas amistades en este tiempo y comenzó a salir
con un compañero de la carrera. La relación duró poco, porque el chico, según decía Guadalupe a sus amigas, era muy
perfeccionista. Ella se dedicó al estudio con ilusión enorme:
centraba la atención en lo que hacía y tenía una inteligencia
clara, viva, intuitiva y reflexiva. Obtuvo muy buenas notas en
los primeros cursos, que se vieron interrumpidos por la Guerra
Civil.

Los años de la guerra

La guarnición al mando del ya teniente coronel Manuel Ortiz de Landázuri se sumó al alzamiento de julio de 1936 contra el régimen vigente, pero la ciudad de Madrid quedó bajo el gobierno republicano. Había estado en la cárcel por ideas republicanas (en San Cristóbal, Pamplona) y fue detenido por negarse a entregar las armas a los milicianos.

En el transcurso de esos años, quizá alguien que hablara con Guadalupe sin conocerla a fondo podría pensar que esa simpatía suya, su facilidad para reír y sonreír, eran fruto de un carácter superficial. No era así. Era serena, fuerte; valiente ante el dolor y la adversidad.

Y de esta forma se enfrentó a la condena a muerte de su padre. Junto con su madre y su hermano Eduardo, ya médico, estuvo con él la noche anterior a la ejecución:

«Mucho se podría contar de aquella noche que pasamos juntos mis padres, Guadalupe y yo –escribió tiempo después Eduardo–; de la entereza de mi padre no aceptando un indulto que le colocaba frente a sus compañeros del Cuerpo de artillería, del valor de Guadalupe, que externamente no se inmutó, dando fuerzas con su serenidad a mi madre y, desde luego, a mí».

Don Manuel rechazó el indulto porque no era extensible a los oficiales de su regimiento, y se enfrentó con valor y libertad a la muerte. Dejó escrita una carta para sus hijos expresándoles su gran cariño y algunas recomendaciones para el futuro:

«Tened fortaleza de espíritu, defendeos unidos de los embates de la vida (...). Sed todos tan dignos, honrados y buenos como hasta ahora lo fuisteis y pensad que Dios sabe por qué ha dispuesto así las cosas...».

Sin duda, las horas de esa noche –víspera del 8 de septiembre de 1936– dejaron huella en el carácter de Guadalupe.

Con su madre, pasó el resto de la guerra en Valladolid.

1916

Guadalupe nace en Madrid el 12 de diciembre.

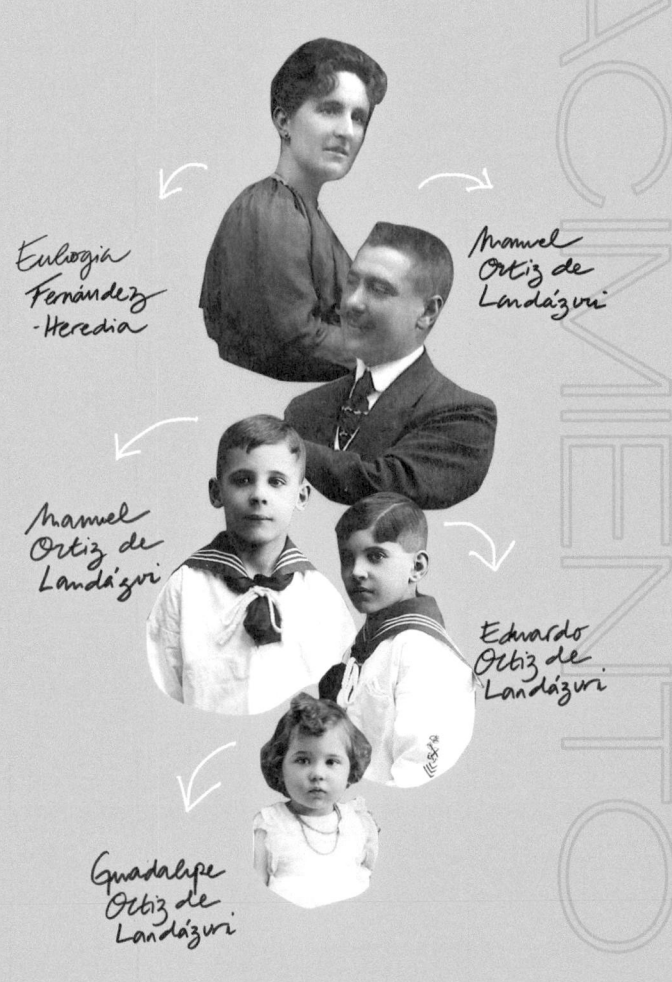

Eulogia Fernández -Heredia

Manuel Ortiz de Landázuri

Manuel Ortiz de Landázuri

Eduardo Ortiz de Landázuri

Guadalupe Ortiz de Landázuri

ADOLESCENCIA

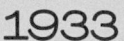

1933

Guadalupe decide estudiar Ciencias Químicas.

Su padre es fusilado. Guadalupe le acompaña con entereza durante la última noche, rezando y perdonando, con su madre y con su hermano Eduardo.

UNIVERSIDAD

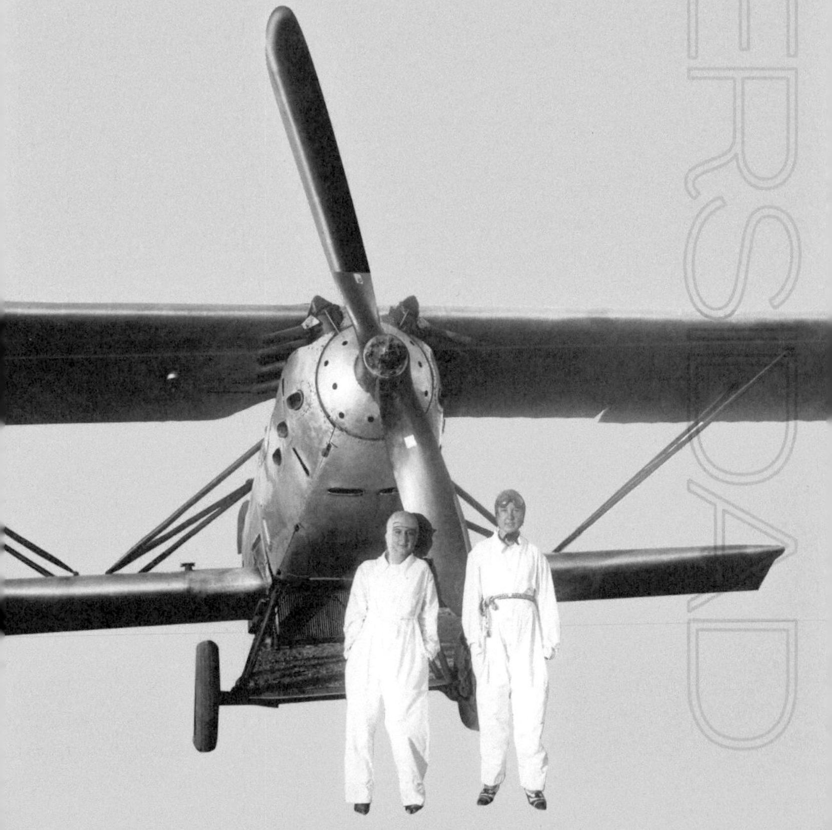

1940

Con 24 años, termina la Licenciatura. Apenas hay mujeres en su promoción.

En aquella época las mujeres representaban un 14 % de la población universitaria.

14%

Quisiera que él estuviera contento y no pensar mas que en él

Un encuentro inesperado

Guadalupe y su madre volvieron a Madrid en 1939 al terminar la guerra. Un año más tarde acabó la carrera de Químicas y comenzó a impartir clases en el Liceo Francés y en el colegio de las Irlandesas.

Poco tiempo después, se matriculó en los cursos de doctorado para realizar la tesis: trabajaba y estudiaba, vivía con su madre y tenía buenos amigos; la vida de Guadalupe parecía ya encauzada y se dedicaba a las cosas que había elegido hacer. Sin embargo, en su ánimo no todo estaba resuelto. Quizá sea excesivo llamarlo crisis, pero se notaba inquieta interiormente. Esperaba una luz que proporcionara un sentido más profundo a su vida y le ayudara a descubrir qué camino era el suyo.

Un domingo de principios de 1944 asistió a Misa en la iglesia de la Concepción en la calle Goya. No sabemos cómo fue su experiencia ese día mientras asistía a la santa Misa, pero al salir de la iglesia subió a un tranvía para volver a casa y se encontró con un amigo de la facultad. Hablaron durante el trayecto y Guadalupe le preguntó si conocía algún sacerdote con quien pudiese hablar. Este chico le proporcionó un teléfono y una dirección.

«Acudí a la casa que me dijeron, y conocí así a don José Mª Escrivá de Balaguer, de quien yo no sabía nada hasta ese momento, ni tampoco, naturalmente, de la existencia del Opus Dei», refirió tiempo después. Se encontró ante un sacerdote que la recibió con amabilidad, dispuesto a escuchar. Por eso le resultó muy fácil manifestar lo que sentía. Le dijo sin preámbulos: «Creo que tengo vocación». Una afirmación que permite suponer una inquietud real, un deseo de Dios. La respuesta acerca de su posible vocación fue también sencilla: «Eso yo no te lo puedo decir. Si quieres, puedo ser tu director espiritual, confesarte, conocerte». Era exactamente lo que ella buscaba.

Fue el despertar de los planes de Dios en su vida. Poco después asistió a un curso de retiro y se encontró ante un camino nuevo por delante y lo emprendió con ánimo alegre: había comprendido que amar a Jesucristo –encontrarlo en medio de su trabajo habitual- y entregarle la vida entera en el Opus Dei para llevar ese mensaje a mucha gente valía la pena: era el camino que Dios quería para ella. A partir de entonces la vida de Guadalupe vino a ser un equilibrio -se podría decir una armonía lograda- entre su vida profesional intensa y la dedicación a las tareas de formación cristiana. Trabajaba con orden, aprovechaba el tiempo, centraba toda su atención sobre lo que tenía entre manos en cada momento, siempre contando con el Señor para resolver los asuntos a los que debía hacer frente.

Durante esos primeros años en la Obra se dedicó a la atención de las tareas domésticas de los centros del Opus Dei que existían entonces. A pesar de que no se le daban bien, puso todo su empeño por hacerlas lo mejor posible; y cuando le salía mal alguna cosa sabía tomarlo con buen humor y con ánimo de aprender.

Elegía hacer los trabajos más difíciles, como arreglar un grifo o una máquina estropeada. No abandonó el estudio de los temas de su carrera: como tenía facilidad para centrar la atención en lo que hacía, cualquier minuto que dedicaba al estudio resultaba provechoso. Su carácter apasionado le ayudaba a realizar con alegría cualquier tarea y a disfrutar con ella.

Carácter con el que también tenía que luchar, para mejorar y facilitar la vida a los demás. Ella misma le escribía al fundador del Opus Dei, con toda sencillez, en una Navidad:

Padre -así llamaban familiarmente al fundador las personas del Opus Dei-, **ya me dijeron que me había encomendado mucho el día de mi santo, ¡qué contenta me puse! ¡Y cómo se nota que muchas veces se acuerdan de mí! Ahora estoy encargada de la ropa y limpieza; como nunca había estado, en muchas cosas estoy equivocadísima, y soy tan tonta que muchas veces sin ninguna experiencia digo lo que se me ocurre con una seguridad que es hasta molesta, esto lo suelo hacer sin darme mucha cuenta y luego lo comprendo y rectifico.**

En general estoy dándome cuenta de defectos muy grandes que casi ni conocía. Tengo, por ejemplo, un espíritu de contradicción muy grande y con mis ideas un poco raras a veces (por llevar la contraria) doy ocasión a pequeñas discusiones. ¡Qué de rincones feos tengo! Y tengo tantas ganas de quitarlos que cuando me doy cuenta me parece que ya no lo volveré a hacer, y antes de un minuto he caído. (...)

Hemos puesto el Nacimiento (...). ¡Estará contento el Niño! ¡Yo quisiera pedirle que este año me ayudara mucho para conseguir esa caridad fina que tanto me falta! Dígaselo Vd. también para su hija,

Mª Guadalupe

Primeros años entre universitarias

En septiembre de 1945 Guadalupe recibió el encargo de sacar adelante la administración doméstica de una residencia de estudiantes en Bilbao. A la vez realizaba viajes a muchas ciudades: Zaragoza, Jaca, San Sebastián, Salamanca, Medina del Campo, Vigo, La Coruña, etc., donde se encontraba con chicas jóvenes y mujeres que deseaban conocer el mensaje del Opus Dei.

Dos años más tarde regresó a Madrid para dirigir una residencia de universitarias en la calle Zurbarán. Trabajó mucho, y gracias a su capacidad de comunicación y simpatía la residencia adquirió un clima familiar muy agradable entre las residentes. La siguiente afirmación muestra cuál era la raíz del ambiente que se creaba a su alrededor: «Disfruto con todo lo que tengo que hacer y procuro hacerlo lo mejor que sé».

Tenía como un sexto sentido para darse cuenta de lo que se necesitaba a su alrededor, y no dudaba en llevarlo a cabo si así las personas estaban mejor. Se interesaba por los problemas de las universitarias; con su sencillez se hacía cercana, inspiraba confianza y había comprendido que la amistad era el cauce más natural para acercar a las personas a Dios.

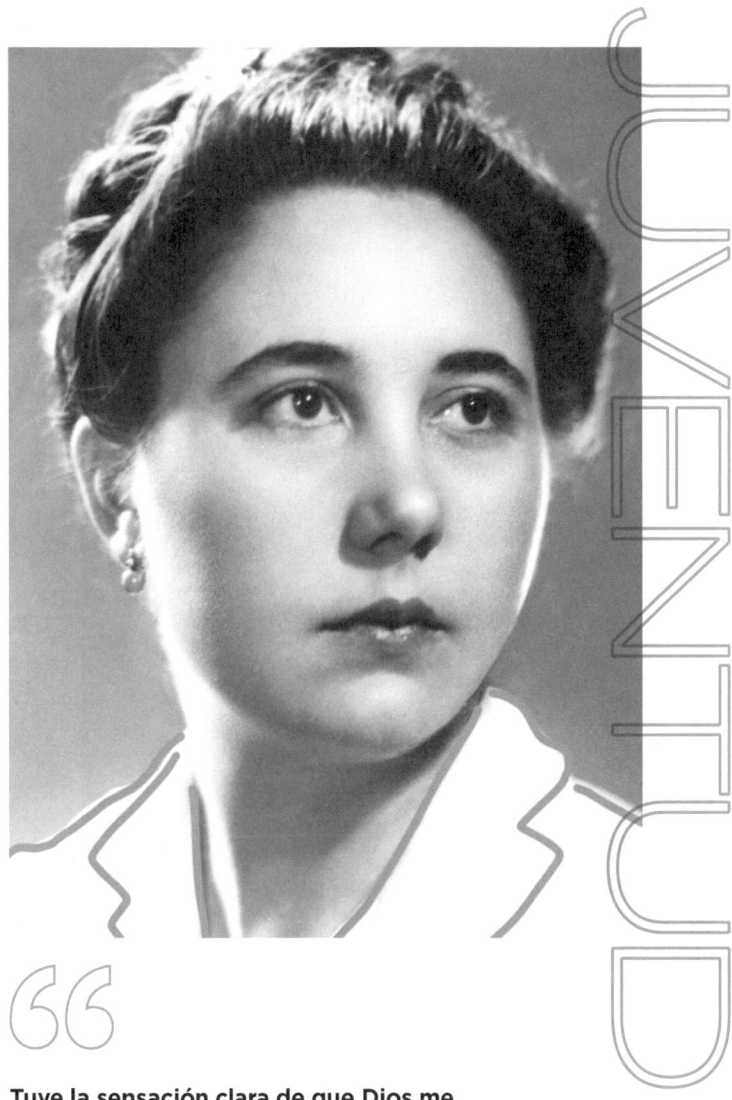

Tuve la sensación clara de que Dios me hablaba a través de aquel sacerdote, no sólo con sus palabras, sino con su oración de petición por mí.

1944

Con 27 años, tiene inquietudes espirituales y conoce a san Josemaría Escrivá, fundador del Opus Dei. El 19 de marzo pide la admisión en el Opus Dei.

1945

Dirige algunos centros del Opus Dei para chicas en Madrid y Bilbao.

Empieza el doctorado en Química. De 1947 a 1949 dirige la primera residencia de estudiantes universitarias impulsada por san Josemaría en Madrid.

CINCO AÑOS EN MÉXICO

Todo cambió inesperadamente cuando recibió una propuesta de parte de san Josemaría: «¿Irías a México para comenzar allí las actividades de la Obra?». No se le presentó ninguna duda, y respondió positivamente. La contestación de san Josemaría fue: «Ya que te llamas Guadalupe, ve a empezar la labor en México». Otras dos mujeres irían con ella: Manolita Ortiz, que era licenciada en Historia de América, y María Esther Ciancas, que comenzaría allí la carrera de Arte.

«El 5 de marzo de 1950 salimos de Madrid (...). Yo era la mayor, aunque era muy joven, pero me sentía con aquellos 80 años de gravedad que tantas veces había oído decir al Padre que pidiéramos a Dios, porque los necesitábamos entonces».

El vuelo hizo la primera escala en las islas Azores y la segunda en las Bermudas, por una avería en los motores. Aprovecharon el retraso de varias horas para buscar una iglesia y asistir a Misa. Después de treinta horas de vuelo, aterrizaron en México D.F. a las cuatro de la mañana del día 6.

Como coincidía su llegada con el inicio del año académico, Guadalupe pudo matricularse en unos cursos de doctorado en Química.

Se abría ante ella una tarea ilimitada para la que no tenía experiencia, pero sí un deseo enorme de hacer el bien y acercar a Dios a las personas con que se encontrara. Y además contaba con una inteligencia clara, una capacidad grande de trabajo y una confianza extrema en Dios. Una vez más se mostró su carácter decidido y valiente.

Procuró integrarse en México con la mayor ilusión; puso su afán en conocer el carácter de los mexicanos, el modo de hablar, sus costumbres cotidianas y festivas, las ciudades y los pueblos.

Los apuntes de Guadalupe en sus agendas constituyen una crónica que permite conocer los principios del Opus Dei en México; también las cartas frecuentes que escribió a san Josemaría sirven de historia:

15 de julio 1950:

«El otro día fui a un rancho que está a cuatro horas en tren desde México. La dueña nos quiere ceder una casa (que se llama Molino, y es viejo) para empezar a trabajar con campesinas; estuvimos dos días; el sitio es precioso y la casa hermosa (...). En el rancho disfruté mucho; me vino muy bien el saber montar a caballo porque si no, todo hubiera sido un lío...».

10 de septiembre 1950:

«Ya le he contado un poco de las muchísimas cosas que pasan cada día. No hay modo de parar, pero eso es bueno. Ayúdenos, pida a la Virgen por todas sus hijas de México, que ya son bastantes, y por esta calamidad que Vd. tan bien conoce».

Aunque habían comenzado desde cero, gracias al trabajo y la oración, las actividades apostólicas del Opus Dei crecían constantemente. En poco tiempo muchas de esas personas pidieron la admisión en la Obra.

Guadalupe realizó un esfuerzo enorme durante los años en México; ella misma era consciente de que la tarea le superaba y así se lo escribió al Padre:

«Vd. sabe muy bien lo que encierra esta casa: apostolado con residentes y chicas que vienen, formación de las nuestras, ejemplo, orden y organización de la casa. Problemas económicos. (...) Y todo esto, conociéndome a mí como me conoce, ¿verdad que me viene grandísimo? Pero no me desanimo ni me asusto, sólo le pido una oración para que nunca, en nada, por pequeño o grande que sea, deje de hacer lo que Dios quiere».

Le apasionaban las actividades que se realizaban en zonas rurales y tratar con las gentes del campo. Y sobre esto le escribía a san Josemaría: «No sé si le dije que tres de nosotras estamos haciendo un curso de campo y granja que da un ingeniero agrónomo en el Colegio Francés; es muy práctico todo lo que enseña, y así tendremos más idea cuando empiece a funcionar la casa de campo Montefalco», una futura casa de retiros en un terreno que entonces alguien acababa de ofrecer. También promovió clases de catecismo en escuelas y en los barrios más pobres de la capital.

En octubre de 1952 tuvo lugar un percance inesperado. Mientras estaba impartiendo una clase de formación le picó un insecto. Para no alarmar a las muchachas que le escuchaban, siguió con la clase hasta el final, sin interrumpirla. Pero resultó que el insecto era venenoso: no se sabe si una araña o un alacrán de los que poblaban la región. Luego tuvo fiebre muy alta que duró varios días. Durante la convalecencia pasó algunos días en una casa de campo para recuperarse. «Caí gravemente enferma. No tengo miedo a la muerte», dejó escrito sin concederle una importancia mayor, aunque el susto y la preocupación de quienes vivían con ella debieron de ser grandes.

A pesar de la intensidad con que transcurrían los días, fue constante su correspondencia con otros países en los que habían comenzado los apostolados del Opus Dei: eran cartas que manifestaban su interés por conocer dificultades y resultados del trabajo apostólico, cartas que infundían ánimo y optimismo.

Y en medio de tanta actividad, la vida de Guadalupe era sobre todo interior:

«Casi constantemente encuentro a Dios en todo con demasiada naturalidad (...). Esa seguridad de Dios en mi camino, junto a mí, me da ilusión en todo, me hace fáciles las cosas que antes no me gustaba hacer, de modo que, sin pensarlo, las hago».

1950

Llegada de Guadalupe a México.

1951

La labor apostólica del Opus Dei se expande fuera del Distrito Federal, en Culiacán y Monterrey. Guadalupe empieza a trabajar con campesinas, a petición del obispo de Tacámbaro.

1952

Comienza la reconstrucción de Montefalco, situada en el estado de Morelos, donde el 40 % de la población mayor de seis años es analfabeta. Montefalco era una antigua hacienda azucarera en un terreno de más de 19 hectáreas. Durante la revolución fue quemada en su totalidad, a excepción de la iglesia, del muro que rodeaba la propiedad y de las bodegas. Los antiguos dueños de la hacienda donaron los terrenos a don Pedro Casciaro para que el Opus Dei pudiera promover allí actividades sociales y de formación espiritual.

1956

Un grupo de mujeres del Opus Dei se establece en Montefalco para poner en marcha una granja-escuela.

Guadalupe comienza a tener los primeros síntomas de afección cardiaca. Se traslada a vivir a Roma.

1959

Comienzan las clases en la granja-escuela Montefalco.

Las clases se impartían por la tarde para que las alumnas tuvieran tiempo de ayudar en el campo y en las labores del hogar por la mañana.

CERCA
DE SAN
JOSEMARÍA

En octubre de 1956 tuvo lugar un congreso general del Opus Dei, y Guadalupe acudió a Roma. Uno de aquellos días escribió en su agenda:

«Vi al Padre por primera vez, después de cinco años. Me dijo que me quedaba en Roma, que no volvería a México. Estupendo».

Llama la atención esta actitud en una mujer que había puesto corazón y vida en un país que hizo suyo. En México se quedaban personas a las que ella quería mucho. Sin embargo, se puede comprender por lo que había escrito a san Josemaría a finales de abril de ese año:

«Y una vez más le digo que estoy dispuesta a dejar con mucha alegría el cargo, a seguir en él, a seguir en México siendo el último mono (acuérdese que mi formación en la Obra ha sido un poco sobre la marcha, y que lógicamente, las que vienen de Roma sabrán más que yo, gracias a Dios, porque yo sé muy poco de muchas cosas, aunque a veces me asusto de la claridad que me da Dios sobre cosas que lógicamente no debía saber), a salir de México e ir a donde sea a hacer lo que Vd. diga, y tan contenta».

Durante aquellos meses en Roma se dedicó sobre todo a impartir clases de formación en el Colegio Romano de Santa María, donde estudiaban alumnas procedentes de diversos países. Pronto empezó a notar un excesivo cansancio sin que hubiera un motivo evidente, a pesar de que trabajaba mucho. Finalmente, le sobrevino una crisis cardiaca: el 6 de marzo de 1957 al salir de un ascensor se sentó en el primer sitio que encontró y pidió que avisaran a un médico. No podía levantarse de allí porque se ahogaba. Más tarde escribió:

«Me puse mala; es algo de corazón. Si viene ahora la muerte iré un poco al purgatorio -no por nada concreto-, y luego ayudaré a la Obra desde arriba todo lo más que pueda».

La intervención quirúrgica para cambiar dos válvulas del corazón tuvo lugar en Madrid en el mes de julio. Volvió a Roma en octubre:

«Vi al Padre por la noche, al llegar de España para operarme. (...) Se alegró mucho de verme tan bien. Dijo que, por ser mi hermano médico e hijo suyo, le había dejado decidir de mi salud; si no, hubiera decidido él».

El equipo médico que la trató pensó que probablemente esta insuficiencia cardiaca era consecuencia de unas fiebres reumáticas que había sufrido cuando tenía doce años y vivían en el norte de África (que entonces era territorio español).

En diciembre sufrió una grave recaída. «Este día estuvo todo preparado para darme la Extremaunción», escribió en su agenda el día 29. Y unos días después apareció otra anotación que es probablemente uno de sus propósitos:

«Profundizar en el silencio hasta llegar a donde sólo está Dios. Donde ni los ángeles, sin permiso nuestro, pueden entrar. Y allí, adorar a Dios y alabarle y decirle cosas tiernas».

A partir de estos episodios, Guadalupe entendió no solo que su salud era bastante delicada, sino que también su vida era frágil y podía romperse sin avisar. Sin embargo, asimiló esta realidad con sencillez, sin miedo, casi podríamos decir con frescura. No le daba importancia porque vivía confiada en Dios.

Mejoró al cabo de unos meses, pero le quedó una insuficiencia cardiaca que redujo mucho sus posibilidades físicas durante el resto de su vida. Sin embargo, mantuvo un ánimo sereno y alegre, mirando el futuro con ilusión de conseguir objetivos nuevos. Siempre le parecía que podía trabajar más.

1956
1958

**Colabora con
san Josemaría en el
gobierno del Opus Dei
en Roma.**

Sufre una crisis grave
y se le diagnostica una
insuficiencia cardiaca.

PASIÓN
POR LA
QUÍMICA

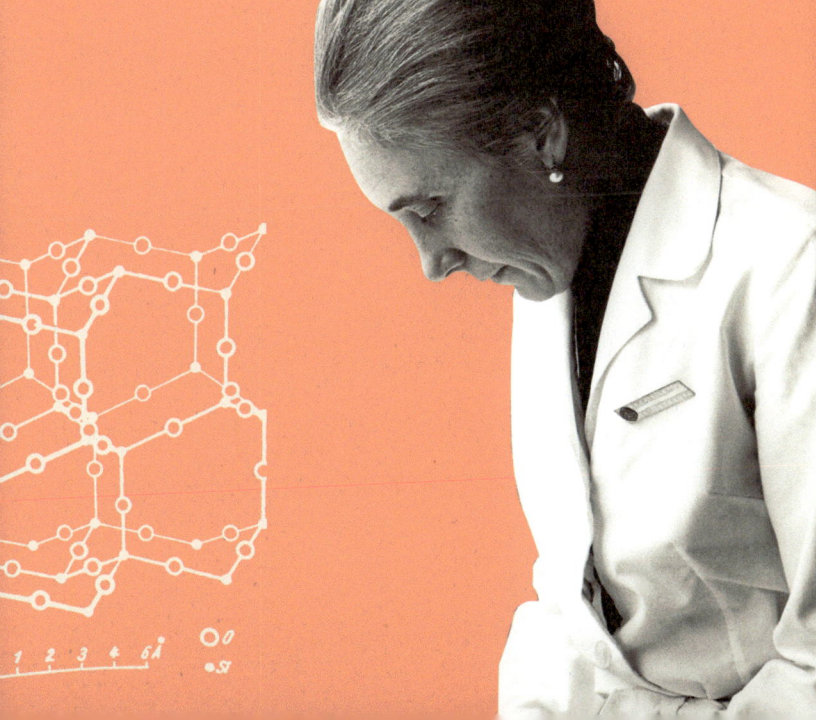

Todo lo que hago me gusta

Como el clima de Roma era demasiado húmedo y resultaba perjudicial para su salud, san Josemaría pensó que Guadalupe viviría mejor en Madrid.

Llegó a primeros de mayo de 1958. Pronto le hicieron un reconocimiento médico y los resultados fueron buenos. Escribió a su casa de Roma para comunicar lo bien que se encontraba: «Tengo casi la seguridad de que en mucho tiempo no os voy a dar más sustos, porque me noto fuerte, y todas me lo dicen y lo notan».

Permanecer en Madrid, donde se quedó a vivir definitivamente, le permitió retomar contacto con la Universidad. Aunque su tiempo se quedaba reducido por el reposo obligado, acudía a la biblioteca de Químicas, o incluso, si la enfermedad no le dejaba salir de casa, estudiaba en su habitación: su objetivo en esa etapa fue preparar la tesis doctoral.

Sabía compatibilizar actividades muy distintas: dedicaba tiempo a impartir clases de formación cristiana, atendía los retiros espirituales, trataba con muchas mujeres que acudían a los medios de formación de la Obra y estudiaba. No perdía un minuto de tiempo, se interesaba por todo lo que era importante para los demás, sabía escuchar y comprender a fondo a las personas.

El regreso a Madrid significaba también estar cerca de su madre, que vivía sola en un piso cercano a la plaza de Santa Bárbara. Entre las múltiples actividades que emprendió entonces, organizó su tiempo para hacerle compañía, atenderla en lo que necesitara y hacerle partícipe de sus proyectos.

También pudo poner en práctica su inquietud por los pobres y necesitados. Contaba al fundador del Opus Dei una de las actividades realizadas en diciembre de 1959:

«El día de Nochebuena conseguimos un donativo de bolsas con la cena y comida de Navidad bastante completo. Las bolsas las llevamos casa por casa. Padre, estoy segura de que le hubiera gustado ver cómo colaboraba todo el mundo. Los choferes de los camiones, los maridos de las señoras; los chicos del barrio nos llevaban las cajas llenas de bolsas. A nadie le faltó porque fueron en total mil bolsas y el número de familias de los dos barrios no era tanto. También llevamos algunas a los pobres del barrio de la Basílica de San Miguel, aunque de ellos ya nos habíamos ocupado con anticipación, y un grupo de señoras repartió donativos y comidas a los pobres que otros años había costumbre de atender, para seguir la tradición. Cada día, aquella gente está más asombrada. Ahí la mayoría de los pobres eran viejecitas de casi 80 años casi todas enfermas del corazón -lo que quiere decir que es una garantía de llegar a vieja-. Muchos lloraban al ver el cariño con el que las señoras les llevaban cosas tan buenas, y hubo una que no tenía absolutamente nada y vive de limosna, que le parecía demasiado y decía que bastaba con la comida; que el donativo fuera para otros».

Pronto pudo participar en un proyecto de investigación sobre los materiales refractarios (resistentes al fuego) en la Sección de Química del Laboratorio y Taller del Estado Mayor de la Armada. El tema resultaba novedoso y ella lo veía de este modo:

«Comencé por un estudio lo más profundo posible acerca de refractarios y aislantes, que cada vez tienen mayor interés industrial y son objeto de investigaciones recientísimas en todos los países de alto nivel científico».

Con frecuencia tenía que interrumpir el trabajo porque el corazón se descompensaba, y entonces, estudiaba en la cama, rodeada de libros, fichas y papeles.

A partir de aquellos estudios preliminares, el núcleo de la tesis quedó perfilado. Entendió que la baja densidad de la cáscara de arroz, su elevada porosidad y conductividad térmica, así como la densidad y las propiedades termoaislantes de su ceniza, favorecían su utilización como material auxiliar en la fundición de piezas de acero.

Esta investigación resultaba ser un trabajo de gran alcance y proyección. Sin embargo, Guadalupe, con su habitual sentido del humor y con sencillez, lo describe así en una de sus cartas:

«Llevo unos cuantos meses leyendo en los ratos libres en inglés -en español, del arroz sólo se ha escrito sobre la paella- lo que se ha estudiado por el mundo. Y pensamos que hasta podremos instalar luego una industria sacando la patente».

Con la confianza que mantuvo siempre con san Josemaría, le escribió en una carta: «Si las cosas van como parece, muy pronto leeré la tesis (...); puede quedar un trabajo original y bonito. Ahora el peligro es que alguien se adelante a publicar algo parecido. Hemos trabajado mucho». Tuvo la prudencia de evitar este peligro presentando la patente de invención en el momento oportuno.

El día 8 de julio de 1965 defendió la tesis. Recibió la máxima calificación y obtuvo por este trabajo el Premio de investigación «Juan de la Cierva», del Consejo Superior de Investigaciones Científicas.

Además de un ejemplar de su tesis, envió a san Josemaría –para sorpresa y pasmo de quien abriera el paquete- un ladrillo refractario.

Concluyó así una etapa, pero su tesón, la enorme capacidad de trabajo y su pasión por la enseñanza no podían quedarse estacionados y pensó en presentarse a las oposiciones para Enseñanza Laboral. Por entonces ya era profesora en la

Escuela de Maestría Industrial Femenina, y en horario de tarde impartía clases de Química en el Instituto *Ramiro de Maeztu* a los alumnos de 6º de bachillerato: «Me gusta darlas; estudio y exprimo la cabeza. Creo que van bien, aunque yo sé que podrían ir mejor». A pesar del cansancio producido por la enfermedad no dejaba de desarrollar proyectos, siempre pensando en el bien que podría hacer a través de su actividad.

Casi en las mismas fechas se publicaron dos convocatorias: las oposiciones para profesores de Enseñanza Media y los exámenes para profesores de escuelas de Formación Profesional; Guadalupe decidió presentarse a las dos convocatorias.

Estaba decidida a conseguirlo: «Estoy estudiando fuerte, disfruto mucho al hacerlo y creo que tengo méritos adquiridos», escribió entonces. En ese año se dedicó de lleno a preparar los exámenes: fueron unas dos mil horas de estudio que venían a ser cinco horas diarias, sin abandonar las clases ni las múltiples actividades de formación.

No logró aprobar las oposiciones a cátedra de Instituto: hizo quince pruebas eliminatorias y le suspendieron en el último examen, aunque ella consideró que lo había hecho mejor que los anteriores. Pero obtuvo la titularidad en la Escuela de Maestría Industrial.

Este trabajo permitió a Guadalupe conocer a gran número de adolescentes y jóvenes que deseaban integrarse cuanto antes en el ámbito laboral. Impartía las clases de Química y las prácticas de laboratorio; y además, procuraba la formación humana de las alumnas, les animaba a cultivar sus aptitudes, mostrándoles cómo trabajar bien y seguir aprendiendo. El centro educativo contaba con unas mil alumnas de entre 12 y 20 años. «Me hace una gran ilusión el apostolado que se puede hacer allí», escribió por entonces.

Una de sus alumnas la recordaba así: «Al pensar en ella me viene a la memoria hasta su tono de voz; tenía una gran personalidad y era una mujer guapísima, aunque vestía con sobriedad y sin adornos superfluos. Era sencillísima. A las alumnas nos trataba con comprensión y afecto».

Con el mismo empeño que ponía en todo trabajo estaba atenta al desarrollo de las actividades del Opus Dei. Durante esos años se comenzó a trabajar apostólicamente en nuevos países: Inglaterra, Francia, Alemania, Estados Unidos, Japón, Kenia, Chile, Ecuador, Guatemala, Perú, Suiza, Brasil... Sus cartas reflejan el interés por conocer las circunstancias que acompañaban a esta expansión de los apostolados. No solo le interesaba saberlo, sino animar y apoyar a las personas que se trasladaban a estos países. Conocía por experiencia las dificultades que encontraban, el gran trabajo que tenían por delante, la precariedad de los medios materiales con que contarían, la ignorancia del idioma en algunos casos, la necesidad urgente de tener un trabajo que aportara medios económicos y la posibilidad de tratar con gente del país: les escribía para infundirles esperanza y fe en Dios, y confianza en san Josemaría.

En su correspondencia se puede ver este desvelo por personas y apostolados en países distintos:

«Como sabes, hoy de un modo especial he pedido por ti y por esa región. Ya veo por vuestras cartas cómo crece todo ahí. Ahora el grupo de las que se van a Estados Unidos nos hace vivir con mucha tensión toda vuestra labor».

En un entorno próximo, o alejado por kilómetros de distancia, se percibía que vivía para los demás y, gracias a sus cualidades innatas y a las aptitudes que había cultivado y adquirido, contaba con muy buenos recursos para hacer el bien y ayudar a las personas. La fuerza la sacaba de su amor apasionado a Jesucristo, a quien trataba íntimamente en la oración. Porque quería al Señor y conversaba con él, entendía y comprendía bien a las personas, y sabía escuchar con atención y cariño; como había aprendido de san Josemaría, basaba el apostolado en la amistad y la confidencia.

Son abundantes los testimonios sobre su categoría personal y sus virtudes. Por ejemplo: «Aunque era una persona con un afán grande de pasar inadvertida, inevitablemente destacaba. Un rasgo que llamaba poderosamente la atención era su sonrisa. Guadalupe se reía muchísimo (...). Nunca la vi con cara seria o de preocupación (...), le caracterizaba la sencillez, decía las cosas con naturalidad, tal como las pensaba».

Otro testimonio: «Era prudente, sabía sopesar las ventajas y los inconvenientes antes de tomar una decisión (...) Una vez decidido un asunto, era ágil en su ejecución y lo hacía con todo empeño».

Con este bagaje y la ayuda de Dios pudo servir de guía y apoyo para muchas personas cercanas y lejanas: alumnas de Maestría Industrial, mujeres casadas que acudían a los medios de formación de la Obra, con quienes convivía. Sabía llegar al corazón de las personas, les abría horizontes para amar más a Dios, adquirir virtudes, trabajar bien en su profesión y servir con generosidad.

1958
1975

Regresa a Madrid.

1962

Guadalupe empieza a dar clases de Física en el instituto nacional de enseñanza media Ramiro de Maeztu.

1965

Defiende la tesis doctoral en Químicas.

Obtiene sobresaliente *cum laude*. Recibe el premio Juan de la Cierva de investigación.

1967

Obtiene la plaza de profesora titular de Ciencias de la Escuela Femenina de Maestría Industrial de Madrid.

La Facultad de Ciencias Domésticas

En 1969 recibió un nuevo encargo. Se trataba de un proyecto del fundador del Opus Dei que hasta entonces no se había podido poner en marcha: el Centro de Estudios e Investigaciones de Ciencias Domésticas (CEICID).

Sería un centro de formación en el que se adquirirían los conocimientos necesarios para atender el hogar con profesionalidad y dirigir la administración de servicios de residencias familiares, de hoteles, hospitales y clínicas, o de empresas de alimentación. Las asignaturas eran muy variadas y trataban aspectos teóricos y prácticos.

Guadalupe, al frente de esta nueva empresa, le comunicó a san Josemaría: «Yo, Padre, con muchas ganas de servir ahora en este nuevo encargo, donde ya se han terminado las primeras convalidaciones de Licenciatura. Han sido tres meses muy intensos».

Desde el departamento de Física y Química se impartía una asignatura sobre el tratamiento de textiles; durante varios cursos Guadalupe se hizo cargo de estas clases, por lo que tuvo que estudiar mucho. Aquella afirmación suya, *todo lo que hago me gusta*, encerraba la ilusión con que emprendía cada trabajo pequeño o grande, la constancia con que lo llevaba a término, la unión que mantenía siempre con el Señor: trabajaba para Dios, todo lo hacía con Dios y por eso era feliz.

Estableció relación con empresas y fábricas de tejidos y viajó para conocer al detalle los procesos de elaboración y las características de las telas que salían al mercado.

En febrero de 1973 participó en el primer simposio que hubo en España sobre «Textiles en el Hogar Moderno», celebrado en Valencia. Su intervención causó impacto y parecía que toda la vida se había dedicado a estas materias.

Allí tuvo la oportunidad de dar a conocer el Centro de Estudios e Investigaciones de Ciencias Domésticas.

«He aprovechado este viaje para ver fábricas de detergentes y seguir profundizando en el tema. Quiero que el libro que tengo en preparación salga enseguida. He puesto unas letras al Padre (...). Hoy me han hecho dos entrevistas; una en Radio Valencia y otra en Radio Nacional, y un reportaje para el diario local. A mis años y con el *cuore* flojo, esto parece una ironía, pero aquí estoy».

Al concluir el simposio fue nombrada miembro del «Comité International de la Rayonne et des Fibres Synthétiques»; y le concedieron la medalla de bronce de esta institución.

¡Si esto me coge hace unos años!

A finales de 1973, el Ministerio de Educación propuso a Guadalupe para la dirección de la Escuela Femenina de Maestría Industrial; el equipo del centro y los profesores apoyaron la propuesta animándole a aceptar. «He sentido tener que renunciar. Hubiera podido hacer una labor preciosa. ¡Si esto me coge hace unos años! Ahora, mi resistencia física no lo hubiera soportado. Lo consulté y también en casa, aunque les daba pena, estaban de acuerdo (...). He tenido que luchar a brazo partido por evitarlo». No obstante, aceptó el cargo de vicedirectora.

En varias ocasiones, años atrás, había acudido a la Clínica de la Universidad de Navarra para revisiones periódicas. En 1970 escribió: «Después de una semana internada en la clínica, haciéndome todo lo necesario... han decidido no operar. Me encuentran bien y dicen que así "puedo vivir mucho". La operación supone riesgo y no dan seguridad de éxito».

Sin embargo, aquel puedo vivir mucho no iba cumplirse: la insuficiencia cardiaca que padecía era gravísima, y podía decirse que lo raro y extraordinario era que continuara viviendo con el ritmo de trabajo que mantenía.

Quienes trabajaban o vivían con ella tenían un gran cuidado de que no hiciera esfuerzos físicos o se cansara excesivamente. Pero las crisis aparecían con mayor frecuencia y en ocasiones debía ingresar en una clínica hasta reponerse.

1969 o————————————————————

Contribuye a poner en
marcha el Centro de
Estudios e Investigación
en Ciencias Domésticas
(CEICID).

1974 o————————————————————

El 21 de noviembre de 1974
es nombrada subdirectora
de la Escuela de Maestría
Industrial.

SE AGRAVA
LA ENFER
MEDAD

En 1974 las pruebas de revisión no presentaron mejor pers-
pectiva: «Estas Navidades estuve en la Clínica de Pamplona.
Me hicieron un chequeo bastante fuerte. Creo que los dolores
físicos no los siento demasiado y conservo una gran paz en
medio de todas las pequeñas peripecias que tienen que ha-
cerme. Como consecuencia, han dicho que tengo las válvulas
igual que en la revisión anterior. Alguna otra cosilla está peor,
pero con pastillas iremos compensándolo».

En abril de 1975, sin que terminara el curso académico,
tuvo que abandonar las clases y el despacho de la Facultad
de Ciencias Domésticas. La directora contó así la despedida:
«Quiso dejar todo perfectamente acabado, de manera que
cualquier persona pudiera continuar aquella labor. No sé si en
algún momento se planteó que a lo mejor no volvería, pero en
cualquier caso no se le notó (...). Se llevaba a la clínica algunos
asuntos para corregir, trabajo que quería retocar para publicar
y también algunos programas que quería revisar. Todo ese trabajo se lo llevaba con una ilusión enorme. Después se fue a la
puerta y, en voz más baja, me dijo: bueno, ya me voy, ¡hasta la
vuelta! Se quedó un poco parada y, con un tono que me sor-
prendió, añadió, ¡si Dios quiere!».

Por esas fechas su cansancio era extremo: caminaba muy
despacio, subir escaleras la dejaba exhausta, por las noches –a
pesar de estar acostada con varias almohadas- apenas podía
dormir porque se ahogaba. Una mañana comentó: «Esta noche pensé que me moría, que ya había llegado el momento;
no quise llamar a nadie y esperé. Pensaba: me he confesado,
he hecho un acto de contrición y de abandono. Si me muero,
¿qué más puedo hacer?».

En primavera de ese año viajó al santuario de Torreciu-
dad para vivir unos días de retiro espiritual. En su agenda apa-
rece el guion de la última clase de formación que impartió;
habló con voz muy débil, pero su porte elegante y sereno, la

actitud amable y seria y la fuerza de las ideas expresaron la realidad de lo que ella vivía con alma y corazón.

Los últimos días

Los médicos que la trataban en Madrid, en la clínica de la Concepción, estaban convencidos de la necesidad de una intervención quirúrgica; pero no se decidían a aconsejarla por el gran riesgo que correría su vida en esta operación.

Y como su hermano Eduardo trabajaba en la clínica de la Universidad de Navarra, se pensó que allí podrían hacer un diagnóstico sobre el que tomar una decisión. A Guadalupe le pareció bien.

Se trasladó a Navarra. Los médicos se enfrentaban ante el dilema de realizar o no una operación a vida o muerte.

Desde allí escribió en una carta a las personas que vivían en el mismo centro del Opus Dei que ella, en Madrid: «Los médicos no se pronuncian y me siguen estudiando, es casi una pequeña ironía: yo estudio, ellos me estudian...».

A pesar del riesgo, se inclinaron a favor de la intervención. Ella supo los peligros de tal determinación y sin el menor titubeo lo aceptó, pensando que así podría servir mejor en la Obra. Dijo: «Si no lo supero y Dios quiere que pierda la vida, ir al Cielo es aún mejor».

Una de las doctoras que la atendía a diario mientras estuvo ingresada tuvo frecuentes conversaciones con ella y declaró después: «Guadalupe estaba convencida de que no iba a salir de la operación y le ilusionaba pensar que Dios se la podía llevar. Decía: a mí me alegraría mucho ver a Dios, estar con Él».

La visitaron numerosas personas, hasta que los médicos decidieron que no le convenía cansarse tanto.

Los días en la clínica se prolongaron bastante. En otra carta decía: «Estad tranquilas por mí, estoy muy bien atendida en todos los sentidos; estoy como en época de Balneario. No sé qué más hará el sha de Persia cuando está de vacaciones. Veo a bastante gente, es imposible no hacer sociedad en esta clínica, pero tengo horario de trabajo (el libro, etc.) y de descanso».

Con fecha 22 de junio escribió por última vez a san Josemaría: «Padre: Le estoy escribiendo desde la Clínica. Llevo aquí veintidós días y cuando termine el mes decidirán los cardiólogos si conviene cambiarme las válvulas del corazón. Estoy tranquila y no me inquieta lo que pase. Este año, hasta venir aquí, he hecho vida normal como los anteriores, pero me voy cansando cada vez un poco más».

Durante los meses anteriores san Josemaría había viajado a varios países de Hispanoamérica y se había reunido con miles de personas. Guadalupe –en esa misma carta- se refiere a estos viajes: «He seguido muy de cerca su catequesis por América. ¡Qué bonito todo! Y lo he encomendado constantemente. La Virgen de Guadalupe, que siempre me acompaña, me sirve para hacerlo, y su cartela: *No hizo Dios nada igual en otra nación*, es muy significativa para mí, al recordar aquellas tierras».

El 26 de junio, desde la ventana de su habitación vio que en el edificio de la Facultad de Ciencias la bandera ondeaba a media asta. Preguntó si había fallecido algún profesor y le contestaron de modo impreciso; ella decidió no seguir preguntando.

Al día siguiente -27 de junio- su hermano Eduardo acudió temprano a la habitación de Guadalupe y le comunicó que el Padre estaba enfermo. No quiso decirle de golpe que el día anterior había muerto en Roma. Pero más tarde volvió a la habitación y se lo dijo con delicadeza: «Las noticias que han llegado nos dicen que el Padre ha muerto». Guadalupe lloró, porque le quería mucho. Sin embargo, enseguida dijo, «Ya está en el Cielo».

Este día estuvo triste, pero muy serena. Y sobre su propia situación habló con el Señor: «Acepto la muerte, la vida, como sea. Alegre si voy pronto a Ti, o quedándome aquí para servir... Como Tú quieras»..

Escribió a don Álvaro del Portillo que, al morir san Josemaría, estaba al frente de la Obra: «Desde el día 27, desde el momento en que supe la muerte del Padre, ofrecí mi operación y creo que no me he echado atrás en ningún momento, sino todo lo contrario».

Durante los pocos días hasta la fecha de la intervención -1 de julio- Guadalupe rezó, conversó sin cesar con el Señor, más que ninguna otra cosa.

La noche anterior, cuando su hermano Eduardo terminó las visitas a los enfermos, fue a la habitación y le habló con toda claridad y cariño: «Sabes que te van a hacer una operación muy grave y te das cuenta del riesgo que tienes. Es importante que vayas preparada y estés serena. Pueden pasar dos cosas: que te reúnas con el Padre enseguida y lo veas al lado de Dios y de la Virgen, o que el Padre se lo pida a Dios y continúes aquí. Los dos caminos son buenos».

Se despertó temprano al día siguiente: recibió la Comunión, rezó el Rosario. Camino del quirófano dijo a quienes le acompañaban: «Estad tranquilas. No sé si el Padre me dirá, ¡Guadalupe para arriba! O ¡quédate abajo! Todo es bueno».

La operación fue mucho mejor de lo que esperaban los médicos. Guadalupe estuvo cuarenta y ocho horas en cuidados intensivos y el día 4 de julio la trasladaron a una habitación. Pronto llamó a su casa en Madrid para decirles: «Casi he sufrido una decepción, porque pensaba irme al Cielo».

Como se iba encontrando mejor y continuaba en su empeño por aprovechar el tiempo, dedicó los días siguientes a escribir sus recuerdos sobre san Josemaría. Asimismo, volvió al estudio de temas de su trabajo. Incluso, en una ocasión, salió acompañada para visitar a la Virgen en la ermita del campus; al volver quiso subir uno de los pisos por las escaleras: «Hace más de veinte años que no subo escaleras sin cansarme», comentó. Estaba alegre, seria a ratos, agradecida por tantos cuidados, en continuo diálogo con Dios.

Escribió de nuevo a Álvaro del Portillo el 10 de julio: «Querido D. Álvaro: en estos momentos en que todavía me tiembla un poco la mano quiero decirle que todas las cosas de estos días y la oración de mi cuerpo, han sido puestas, queridas, aceptadas y vividas por el Padre y por Vd.; era quizá lo único que hubiera podido hacer esta hija y hermana. Estoy muy contenta y queriendo ayudar. Muchas gracias por su carta, que es como haber estado en Roma el día que nuestro Padre se fue a la Casa del Cielo».

Todos estaban optimistas al ver su buena recuperación. Guadalupe mejoraba por días. Sin embargo, el día 14 de julio hacia las cuatro y media de la tarde, Eduardo recibió una llamada urgente: «Ven pronto porque a Guadalupe le ha pasado algo». Encontró a su hermana con las facciones transformadas, con una respiración rápida y sofocante. Aun así, ella le dijo que no se preocupara.

Aunque se aplicaron los remedios posibles, la crisis cardiaca no cedía. Recibió la Unción de enfermos y la Comunión estando consciente.

Sin ninguna queja pasó cuarenta horas en agonía. Sufría pero estaba muy serena. Las que estaban con ella no podían casi con la pena porque veían con claridad que Guadalupe se les iba. A las seis y media de la madrugada del día 16 el corazón se paró definitivamente.

Desde la operación habían transcurrido catorce días, una propina de tiempo que Dios quiso concederle. Fueron días en los que proporcionó mucha alegría a quienes estuvieron con ella.

Se traslucía, aún en esas circunstancias, lo que escribió al inicio de su camino en el Opus Dei: «Soy feliz».

No hay dos santos iguales. San Josemaría dijo en una ocasión, con palabras de Antonio Machado: "Cada caminante siga su camino", y ella supo recorrer el suyo con alegría y decisión. Con plena libertad, escogió siempre amar a Jesucristo en medio de su actividad y servir a los demás. Nada se guardó para sí. El camino de Guadalupe no fue fácil; sin embargo, siempre dio la impresión de que lo era. La vida fue para ella una aventura humana y divina.

¿Cuál fue su secreto?, nos podríamos preguntar. Quizá la mejor respuesta la ofreció ella misma al escribir: «Casi constantemente encuentro a Dios en todo; esa seguridad de Dios en mi camino, junto a mí, me da ilusión en todo».

Todo lo que hago me gusta. Quien hizo esta afirmación fue una mujer apasionada y emprendedora que vivió entre 1916 y 1975. Vida relativamente breve de una mujer que, seguramente sin conocerlo, cumplió el consejo que Píndaro de Tebas (siglo V a. C.) hizo a un amigo suyo: «No pretendas ser inmortal, pero agota el campo de lo posible».

Guadalupe agotó su campo. Es decir, negoció sus talentos con tesón en todos los ámbitos de su actividad: estudio, trabajo, oración, amistad, servicio. Le gustaba todo lo que hacía porque volcaba en cualquier acción toda su inteligencia, iniciativa, libertad; todo ello por amor a Dios. Por eso fue feliz.

En Madrid, el 19 de mayo de 2019, la Iglesia hizo fiesta: miles de personas de numerosos países asistieron a la ceremonia de su beatificación. Es el premio que Dios concede a una vida santa.

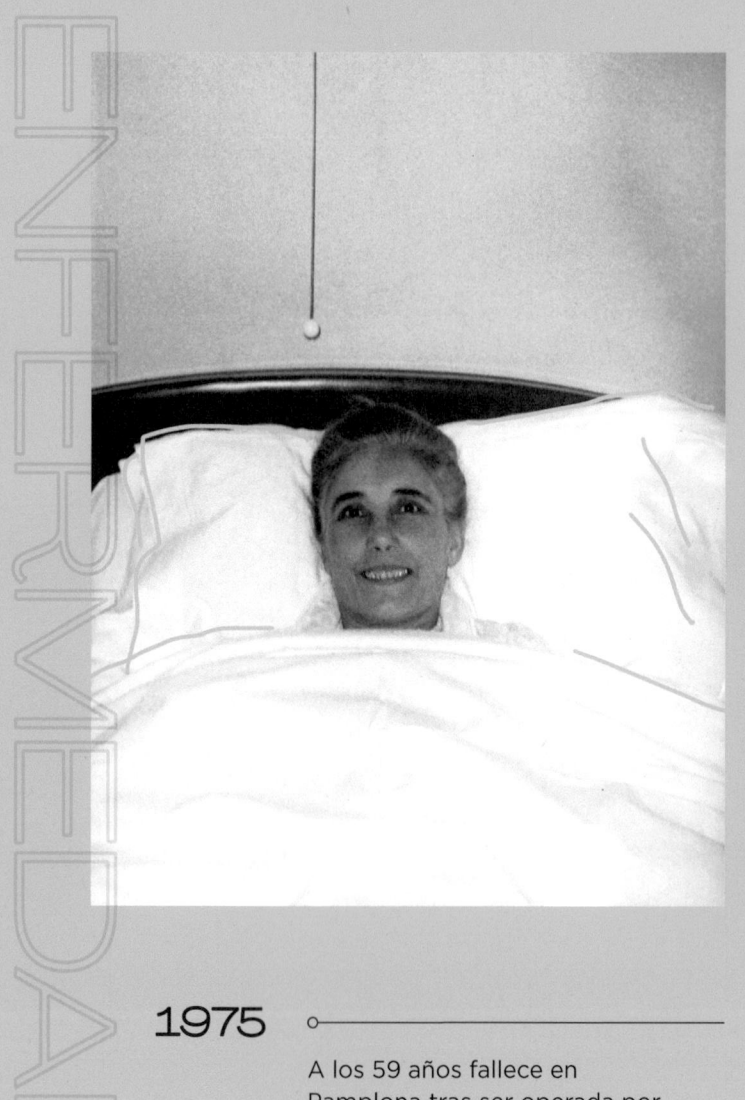

1975

A los 59 años fallece en Pamplona tras ser operada por su grave enfermedad el 16 de julio.

2019

El 19 de mayo de 2019
Guadalupe fue beatificada
en Madrid.